12/21

Escrito por
Rox Siles

Papá Noel pasea en trineo en la Víspera de Navidad

Ilustrado por
Alice Pieroni

Published in association with Bear With Us Productions

Este libro está dedicado a mi hijo **Alejandro** quien llena mi vida de felicidad y hace que la navidad sea muy especial.

También quiero agradecer a **mi familia y amigos** por todo su apoyo.

Solo faltaban unos días para la llegada de la Navidad.

Papá Noel sabía que **el mejor día del año** estaba muy cerca.

Cada día, los duendes recogían
miles de cartas enviadas por
niños de todo el mundo.

«Santa, please bring me a **doll**»,
«Papá Noel, por favor tráeme una muñeca»,
decía Sallie. Ella habla inglés.

«Papá Noel, me gustaría
tener un robot, por favor»,
decía Miguel. Él habla español.

«Père Noël, je voudrais une trottinette, s'il vous plait»,

«*Papá Noel, me gustaría tener un monopatín, por favor*»,

decía Jacques. Él habla francés.

Los duendes creativos estaban muy ocupados trabajando en la fábrica de juguetes.

Les **encantaba** fabricar juguetes para todos los niños y niñas.

Los renos pasaban tiempo **preparándose**
para el gran viaje de la **Nochebuena**.
Levantaban pesas y practicaban en la cinta caminadora.

El día de Navidad se acercaba.

«Papá Noel, ¿revisaste la lista **dos veces**?»
dijo el duende Jackson.

«¡No te preocupes Jackson!
Todavía faltan algunos días.
Estoy ocupado pescando sobre hielo»,
respondió Papá Noel.

Al día siguiente, Mamá Noel le preguntó,
«Papá Noel, ¿sabes quién se
portó mal este año?»

«Revisaré mañana Mamá Noel.
Ahora estoy ocupado construyendo
un muñeco de nieve»,
respondió Papá Noel.

«Papá Noel, ¿te mediste tu traje
para ver si te **queda bien?**»
le preguntó Valeria, la
pequeña duende.

«¡No te preocupes Valeria!»
dijo Papá Noel.
«Me quedará perfecto!
Estoy haciendo un ángel de
nieve en este instante».

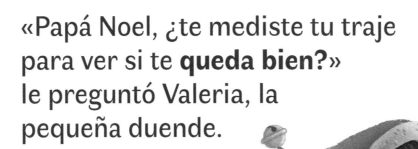

La Nochebuena llegará muy pronto.

«Iré a **deslizarme en trineo** antes de ir de viaje por todo el mundo», pensó Papá Noel.

«**Eso!**» gritaba Papá Noel cada vez que se deslizaba desde los montes más altos.

¡RIIIIIING!

«¡Llegó la hora!»,
gritaban los duendes con mucha emoción.

«¡**Oh no!**» gritó Papá Noel
porque estaba atrasado.

Rápidamente se puso su traje rojo,
pero este le quedó muy pequeño.
Papá Noel subió a su trineo,
pero apenas pudo acomodarse.

Algunos de los regalos se cayeron cuando salieron muy rápido.

A **Sallie** le tocó un **pedazo de carbón** por más que se portó muy bien todo el año.

Sallie comenzó a llorar.

Miguel recibió un robot, pero el robot solamente hablaba francés.
Miguel habla español y no pudo entender lo que decía.

Él estaba muy confundido.

Jacques recibió una muñeca, pero quería un monopatín.

«**¿Que pasó?**» se preguntó.

¡A Papá Noel se le olvidó revisar la lista dos veces!

Papá Noel apenas llegó a tiempo a las últimas casas de su lista.

Se deslizó por la chimenea demasiado rápido y **tiró** las **galletas con leche** que le esperaban.

Los renos no tuvieron tiempo para comer y comenzaron a quedarse sin energía.

Los pobres renos arrastraron
el trineo muy lento por el cielo.

Finalmente, el último niño en la
lista espantó a Papá Noel
cerca del arbolito de Navidad.

Papá Noel se **asustó** y los dos comenzaron a gritar.

«¡Ahhhhhhh!»

«¡Ahhhhhhh!»

«¡**Despierta**, Papá Noel, despierta!» dijo Mamá Noel.

Papá Noel abrió sus ojos lentamente y vio con su lente mágico que todo estaba bien.

«¡Parece que todo fue solo una pesadilla!», pensó Papá Noel.

Todos los niños estaban felices jugando con sus juguetes.

Papá Noel también vio a sus duendes y renos **bailando** en el Polo Norte.

Papá Noel y Mamá Noel se unieron a ellos cantando villancicos y celebrando una **Muy Feliz Navidad.**

Merry Christmas

God Jul!

Feliz Navidad!

Joyeux Noël!

Frohe Weihnachten!

Buon Natale!

Vrolijk Kerstfeest!

Kata Christouyenna!

Sheng Dan Kuai Le!

Subh krisamas!

Feliz Natal!

Fin.

Información de la autora

Rox Siles nació en Bolivia y llegó a Estados Unidos a una temprana edad. Creció en el estado de Michigan donde se casó y estudió medicina. Ahora ella trabaja de doctora en Ohio.

Esta autora desarrolló una pasión por escribir libros para niños al leer cuentos con su hijo antes de ir a dormir. Una noche, no sabían cual libro leer. Fue entonces que crearon "Charlie the Turtle and the Muddy Birthday Cake" y el resto pasó a la historia.

En su tiempo libre, Rox disfruta su familia y sus dos perritos, Tika y Jazz, a los que podrás encontrar en algunos de sus libros.

Sus cuentos están basados en las aventuras con su familia y su herencia hispana. Rox tiene el objetivo de transmitir mensajes positivos a los niños mediante libros bilingües.

CPSIA information can be obtained
at www.ICGtesting.com
Printed in the USA
LVHW071636151121
703396LV00006B/140